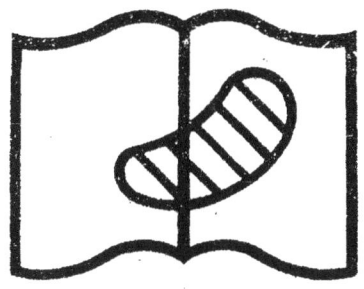

Illisibilité partielle

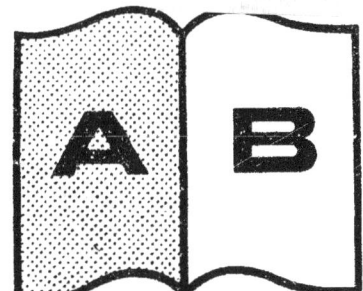

Contraste insuffisant
NF Z 43-120-14

Valable pour tout ou partie
du document reproduit

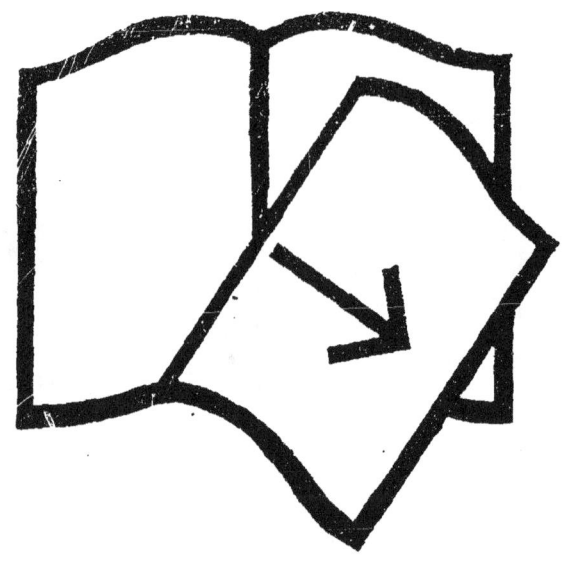

Couverture inférieure manquante

Original en couleur

NF Z 43-120-8

RAPPORT

SUR

LES ARCHIVES HISTORIQUES ET ADMINISTRATIVES
DE LA PRÉFECTURE DE L'YONNE,

des communes et des hospices du département,

Par Max. QUANTIN

Chevalier de la Légion d'honneur, Officier de l'instruction publique,
Archiviste de l'Yonne.

AUXERRE,
Imprimerie et librairie de Albert GALLOT, rue de Paris, 47.

MDCCCLXXVIII

RAPPORT

SUR

LES ARCHIVES HISTORIQUES ET ADMINISTRATIVES

DE LA PRÉFECTURE DE L'YONNE,

des communes et des hospices du département,

PAR Max. QUANTIN

Chevalier de la Légion d'honneur, Officier de l'instruction publique,
Archiviste de l'Yonne.

AUXERRE,
Imprimerie et librairie de Albert Gallot, rue de Paris, 47.
—
MDCCCLXXVIII

RAPPORT

SUR

LES ARCHIVES HISTORIQUES ET ADMINISTRATIVES

DE LA PRÉFECTURE DE L'YONNE,

des communes et des hospices du département.

§ Ier.

Monsieur le Préfet,

Les archives de la préfecture de l'Yonne doivent, comme celles des autres départements, leur origine à la Révolution. Des lettres-patentes du 2 juillet 1790 les établirent en ordonnant de réunir au chef-lieu du département les papiers des diverses administrations publiques qui concernaient les nouveaux territoires de la circonscription de l'Yonne ; mais le département étant composé de portions de plusieurs provinces sans rapports administratifs entre elles, n'a reçu, lors de sa formation, que des fragments d'archives d'administrations civiles d'une époque relativement moderne, tandis que les grandes collections étaient conservées à Dijon, pour la Bourgogne, à Troyes, pour la Champagne, à Paris, pour l'Ile de France et à Orléans pour quelques paroisses qui dépendaient de cette généralité.

Des mesures récentes ont accru ces fonds primitifs de divers fonds administratifs recueillis dans les greffes des arrondissemens et dans les administrations forestières, de manière à réunir aux archives de la préfecture tous les documents rentrant dans les séries A B C qui pourraient y figurer utilement. Le greffe de Tonnerre nous a aussi cédé toutes les minutes des anciennes justices seigneuriales de l'arrondissement et un grand nombre de minutes de notaires.

Il n'en a pas été de même pour les archives ecclésiastiques centralisées en vertu de la loi du 5 brumaire an V. Le département de l'Yonne comprenait dans son territoire deux évêchés, Sens et Auxerre, remontant aux premiers siècles de l'Eglise et d'une importance capitale. Autour d'eux se groupaient un grand nombre de monastères des plus importants et datant de ces temps anciens, ainsi que d'autres couvents fondés aux XIIe et XIIIe siècles. Ces diverses institutions, et celles du même genre de l'Avallonnais et du Tonnerrois, ont fourni aux archives de l'Yonne leurs plus grandes richesses paléographiques. Nous ferons remarquer en passant qu'on y trouve une charte du Ve siècle (H. 32), une du VIe et un grand nombre d'autres des IXe et Xe siècles. C'est à l'aide de ces divers documents que nous avons pu rédiger déjà deux volumes et demi d'inventaires in-4° que nous passerons en revue plus loin.

Avant d'être constitué comme il l'est à présent, le dépôt des archives a subi bien des vicissitudes, a été dépouillé de documents précieux, les uns brûlés comme féodaux, les autres employés à faire des gargousses, d'autres remis sans discernement aux acquéreurs des biens nationaux.

Lorsqu'en 1833, le Conseil général du département, qui a toujours été animé d'un intérêt éclairé pour le dépôt des archives, résolut de créer un bureau des archives en y préposant à la place d'un gardien sans compétence un homme spécial capable de mettre de l'ordre dans le chaos qui s'y était fait depuis quarante ans, et s'accroissait chaque année par l'amoncellement de nouveaux papiers, je fus appelé à ces fonctions en sortant de l'Ecole des Chartes de Dijon, et je les ai remplies depuis quarante-cinq ans.

Les titres antérieurs à 1790 étaient demeurés sur les rayons d'une vaste salle de la préfecture régnant sous les bureaux, et dans l'état où les commissaires de l'an VI les avaient envoyés de Sens et d'ailleurs. Les liasses étaient encore attachées avec des bouts de galon pris dans les magasins nationaux des districts. Les recherches qu'on y avait faites à diverses reprises, sans se préoccuper de rétablir les pièces à leur place, y avaient amené un désordre complet. Pour les archives modernes, elles étaient entassées sur les rayons de chambres obscures où se trouvent aujourd'hui la 2e division et le Conseil de préfecture, et couvertes de la poussière d'un bûcher dont les séparaient seulement des marelles défoncées, sans que nul classement rationel en eût jamais été fait.

Après la création du personnel, le Conseil général comprit qu'il fallait pourvoir au matériel, et sur la proposition de M. de Bondy, l'honorable préfet de l'Yonne, il décida d'approprier au service des archives un bâtiment spécial de la préfecture appelé le *bâtiment du district*. Le premier et le second étages furent disposés en conséquence, et l'installation définitive des archives eut lieu en 1841.

L'accroissement des collections et la formation de la bibliothèque administrative, notamment, nécessitèrent bientôt l'occupation de diverses salles accessoires du même bâtiment qui est plein maintenant du haut en bas.

Après plusieurs années consacrées à mettre un peu d'ordre dans les archives modernes, j'ai voulu porter mon attention sur les archives anciennes si peu connues ou plutôt entièrement inconnues. J'ai organisé d'abord les collections par fonds, puis j'ai rédigé les inventaires des fonds de l'ancien diocèse d'Auxerre, de l'Avallonnais, et ceux des fonds civils et féodaux. Ce travail a été publié successivement dans l'*Annuaire de l'Yonne*, et réuni en volume en 1852.

Ces travaux révélèrent de nombreuses lacunes dans le dépôt historique. Dès 1836, et chaque année depuis cette époque, tous les efforts ont été faits pour obtenir des particuliers l'abandon de pièces historiques, et j'ai signalé à l'administration du département beaucoup de documents à distraire des autres dépôts publics pour être réintégrés dans les archives de la préfecture.

J'ai signalé également à M. le Ministre de l'Intérieur, dès 1842, les fonds des Greffes, des Tribunaux et de l'Administration des Forêts comme renfermant beaucoup de pièces qu'il convenait de déposer à nos archives.

Des mesures furent prises en conséquence, et même, en 1865, M. le Ministre de l'Intérieur donnait à ses inspecteurs généraux des instructions pour faire remettre aux Archives départementales des séries importantes de pièces et registres existant dans les greffes des arrondissements et dans les administrations publiques. Nous pouvons nous féliciter de posséder aujourd'hui un dépôt très-riche, surtout en matériaux de l'ordre civil, dont nous étions presque entièrement démunis avant 1833.

Inutile de dresser ici le tableau détaillé de ces accroissements, il suffira d'en indiquer les principaux; ce sont, dans les archives historiques civiles, les plans du cadastre de 1780 et années suivantes, les titres des terres de Nuits-sous-Ravières, d'Etigny; de celle de Saint-Bris et du marquisat de Seignelay; les rôles des tailles de l'Avallonnais depuis le XVIe siècle et de l'Auxerrois pendant le XVIIIe, les minutes et protocoles de notaires d'Auxerre (XVe siècle) et ceux de Noyers; le tabellionnage de Tonnerre (XVIe siècle); les fonds des anciennes maîtrises des eaux et forêts d'Auxerre, Avallon, Sens et les papiers des élections de Sens, Auxerre et Tonnerre; les registres d'insinuations d'actes civils depuis la fin du XVIe siècle dans les cinq greffes des arrondissements; les registres d'écrou de la prison d'Auxerre depuis le XVIIe siècle; les précieuses chartes de la commune de Chitry et les papiers de celles de Chablis, de Montréal et les quelques pièces anciennes tirées d'un grand nombre d'autres communes; enfin, en 1876, une quantité considérable de registres et minutes des justices seigneuriales de l'arrondissement de Tonnerre, obtenus en vertu d'une décision du garde des sceaux.

Dans l'ordre ecclésiastique, j'ai recouvré les précieuses archives de l'abbaye des Escharlis (XIIe siècle), celles de la collégiale de Saint-Julien-du-Sault, une partie de celles des collégiales d'Avallon et de Saint-Pierre de Tonnerre, de plusieurs maisons religieuses de l'Avallonnais et des cures et fabriques du département; des registres des conclusions du chapitre cathédral d'Auxerre du XVe au XVIIIe siècle, des registres d'insinuations ecclésiastiques du diocèse de Sens au XVIe siècle, les papiers des Doctrinaires et des Ursulines de Noyers, etc., etc.

Des liasses de parchemins des fonds sénonais du XIVe au XVIIIe siècle ont été achetés à la vente Tarbé, en 1849.

Dans les fonds modernes, ont été réunis, les registres des délibérations d'une partie des administrations cantonales du département, de l'an IV à l'an VIII ; les fonds des sous-préfectures d'Avallon, Sens et Tonnerre, de l'an VIII à 1830, ceux du canal de Bourgogne, les actes de ventes des biens de l'Etat faits dans les sous-préfectures de 1813 à 1830, les papiers du comité du chemin de fer de Paris à Lyon, légués par M. Larabit, etc., etc.

Mais en 1841, le gouvernement prit une résolution importante pour l'avenir des archives publiques de la France, ce fut de prescrire la rédaction de l'Inventaire des Archives sous un plan uniforme et en commençant par celles des préfectures ; j'ai entrepris alors ce travail qu'une longue maladie me força d'interrompre quelques années après.

Une circulaire du 12 août 1861 invita les conseils généraux à faire imprimer les inventaires rédigés par les archivistes. Ce travail fut poussé activement à la faveur des votes annuels de fonds du Conseil général, et il a abouti à la publication de deux volumes et demi in-4° d'inventaires comprenant les séries A à G et la moitié de la série H. Cette collection de documents sera analysée plus loin. Je dois signaler encore parmi les travaux faits aux archives depuis 1844, la formation d'une bibliothèque administrative aujourd'hui assez importante et composée des publications officielles de toute espèce, faites par l'Etat et le département, et d'un certain nombre d'ouvrages de droit administratif nécessaires aux travaux du cabinet du préfet, du conseil de préfecture et des diverses divisions.

Il convient d'ajouter que tous les documents des collections antérieurs à 1790 sont aujourd'hui estampillés et conservés dans des cartons portant sur la face l'étiquette qui en indique la nature, et qui portent le n° d'ordre et la lettre de série de l'inventaire imprimé, de manière que les recherches sont rendues extrêmement faciles.

On me permettra, dans ce rapport qui est le résumé de ma vie d'archiviste, de consigner un dernier fait qui a failli être terrible pour les archives de l'Yonne, menacées d'une destruction radicale.

Je veux parler du bombardement du 20 décembre 1870.

Logé par le Conseil général dans une maison voisine des archives pour veiller à leur garde, je vis, au moment de l'invasion d'Auxerre, la fumée sortir sous les tuiles du bâtiment du dépôt et le menacer d'une destruction inévitable. A cet aspect, je quittai ma famille et ma demeure menacée par les obus, et je courus aux archives où je constatai que déjà un obus avait défoncé le deuxième trumeau de la fenêtre du 1ᵉʳ étage, que deux autres avaient percé le toit supérieur, traversé la salle et en éclatant mis le feu aux dossiers qu'ils avaient rencontrés.

Quand je pénétrai dans cette salle, la fumée obscurcissait la vue; je me hâtai de marcher sur les papiers fumants et j'éteignis le feu. M. Ribière, alors préfet, assistait avec sang-froid dans son cabinet à ce bombardement menaçant. Je me hâtai de me rendre auprès de lui, et je lui rendis compte de ce qui venait de se passer aux archives en l'adjurant de faire arborer le drapeau blanc sur la tour de la cathédrale, ce qui eut lieu. C'est ainsi que notre précieux dépôt a été préservé.

§ II.

Analyse des collections historiques de la Préfecture.

1° HISTOIRE GÉNÉRALE ET PROVINCIALE (1).

A l'exception de deux chartes de la fin du vᵉ siècle et du vIᵉ dont nous avons parlé plus haut, le dépôt ne commence vraiment qu'au IXᵉ siècle.

L'autorité des princes carlovingiens sur les pays qui forment aujourd'hui le département de l'Yonne s'y révèle dans le fonds de l'archevêché de Sens (G. 54 bis) où existent des copies de chartes royales relatives aux droits respectifs de l'archevêché et de son chapitre au IXᵉ siècle.

On y voit encore des diplômes de Louis-le-Débonnaire et de Charles-le-Chauve pour l'abbaye Saint-Rémy de Sens (H. 64), d'autres pièces de ces mêmes princes, d'Hugues Capet et Robert, et Phi-

---

(1) L'inventaire des collections de la série H. n'étant pas terminé, on n'a pas pu insérer ici l'analyse des chartes intéressantes qu'elle renferme, depuis le XIIᵉ siècle, notamment dans les abbayes de Pontigny, Crisenon, Reigny, Vézelay, Chore, etc., mais seulement le résumé des fonds du clergé du Sénonais et de la ville d'Auxerre.

lippe Ier pour l'abbaye Sainte-Colombe de la même ville (H. 85). Une liste des priviléges royaux accordés à l'abbaye Saint-Pierre-le-Vif-lès-Sens de Henri Ier à François Ier, et la copie de la fondation de ce monastère par Théodechilde, fille de Clovis, où il est fait mention du duc Bazolus prisonnier, sur lequel fut confisquée entre autres terres, celle de Mauriac en Auvergne, dont Saint-Pierre-le-Vif fut seigneur jusqu'en 1789 (H. 167). Dans une autre partie du département, à Auxerre, les empereurs carlovingiens depuis Louis-le-Débonnaire rendent à l'église d'Auxerre des biens qui lui avaient été enlevés (G. 1817), et ils donnent abondamment à l'abbaye Saint-Germain de la même ville où Lothaire, fils de Charles-le-Chauve, avait été élevé (H. 985 et 1010). Un fidèle de Charles-le-Chauve appelé Bernilon (G. 1959) reçoit de ce prince des domaines situés à Préhy et à Villiers-sur-Tholon. Charles-le-Chauve donna encore à l'abbaye Saint-Martin de Tours la *cella* de Chablis (Yonne) qu'elle a gardé jusqu'en 1789 (G. 2311).

Les princes Capétiens suivent à cet égard la tradition des Carlovingiens (Voy. H. 678 et H. 945). En 1388, Charles VI fonde dans la cathédrale de Sens 12 messes du Saint-Esprit, et fait don à cet effet au chapitre cathédral de la terre de Sommefontaine (Aube) (G. 1368). La ville de Sens reçoit depuis le XIIIe siècle jusqu'à Louis XIV la confirmation de ses priviléges (AA. 1.).

Au XIIe siècle, les ducs de Bourgogne fondent le chapitre cathédral d'Avallon (G. 2011), puis celui de Montréal (G. 2277). Les comtes de Nevers établissent, dans le même temps, une collégiale à Châtel-Censoir (G. 2242). D'autre part, les comtes d'Auxerre du XIIe au XIVe siècle traitent avec le chapitre cathédral d'Auxerre (G. 1346); dotent l'abbaye Saint-Germain (H. 985), restaurent celle de Saint-Marien d'Auxerre (H. 1214); les comtes de Joigny (XIe au XIIIe siècles) dotent libéralement les moines de Dilo, dans la forêt d'Othe, dont ceux-ci ont défriché une partie (H. 596); les comtes de Champagne donnent des biens à l'abbaye de Vauluisant, aux XIIe et XIIIe siècles (H. 674).

Les chartriers des monastères fondés au XIIe siècle sont remplis de chartes des archevêques de Sens et des évêques d'Auxerre, d'Autun et de Troyes qui attestent les donations faites à ces nouvelles colonies de moines sur toute l'étendue du territoire du département.

Ces pièces sont précieuses par leur contenu et par les sceaux qui les ornent encore.

D'autre part, il existe dans les collections des abbayes de nombreuses bulles de papes du XIIe au XVIe siècle contenant l'énumération des biens et des priviléges de ces maisons et encore scellées, comme dans le fonds de Pontigny, de la bulle de plomb des pontifes romains.

De nombreux affranchissements des communautés d'habitants ont lieu dans le cours des XIIe, XIIIe et XIVe siècles. Ces actes sont particulièrement réunis sous les cotes E. 11, 516, 529, 533, 541, 542, 544, 545 ; les habitants de Chichery sont assemblés dans l'église de ce lieu, au nombre de 56, et sont affranchis par le Chapitre cathédral d'Auxerre, leur seigneur, en 1352 (G. 1913).

Hugues, duc de Bourgogne, accorda les coutumes de Montpellier aux habitants d'Avallon. La commune de Sens, constituée au XIIe siècle par Philippe-Auguste (AA. Sens) (an 1189), et confirmée par Louis-le-Gros, reçoit du roi l'ordre de rendre à l'archevêque les serfs qu'elle avait reçus dans son sein (G. 144).

XIIe et XIIIe Siècles.

Au XIIe siècle les documents historiques deviennent très-nombreux. On voit que le comte de Troyes avait, en 1151, la garde de la ville de Chablis (G. 2311), et Louis VIII le reconnaît, en 1229, lorsqu'il occupe cette ville pendant la guerre contre le sire de Brienne.

Les habitants de Chablis voulant témoigner leur affection au comte de Champagne lui firent don de 300 livres en 1190, au moment de son départ pour Jérusalem. Pour le même motif ils firent encore don de 500 livres au comte Thibaud, en 1213, et de 300 livres au roi Thibaud, en 1239 (G. 2296).

On voit alors, à propos des débats qui avaient lieu entre l'évêque d'Auxerre, Hugues de Noyers et le Roi, formuler la doctrine que le prélat était indépendant du roi. Un texte relate ainsi cette prétention : « *Episcopus (Autissiod.) totam suam temporalitatem a rege* « *non tenet, sed a solo Deo et ecclesia, qui ipsum recepit a B. Ger-* « *mano duce quondam a Romanis in Gallias constituto.* »

Et dans un pouillé d'Auxerre, on lit en tête du texte ci-dessus cette

phrase : « *Episcopus in comitatu et diocesi Autiss. est major domi-*
« *nus in spiritualibus et temporalibus.* »

C'est par une sorte de reconnaissance de ces droits que le roi défendait en 1302, au bailli de Sens, d'empiéter sur la juridiction de l'évêque d'Auxerre (G. 1636). Mais cette juridiction fut peu à peu restreinte aux cas ecclésiastiques.

En 1292, le Bailli du Chapitre de Sens, Guillaume Grenouille, prononce une sentence en faveur des religieuses de La Pommeraie (H. 937) avec un certain appareil. Il était assisté de H. de Pacy, écuyer, de Regnault Lepeletier, de Philippe Jenvier, d'Etienne Blanvillain et de cinq autres personnages. Ils siégeaient dans la chapelle de Sainte-Marguerite de la cathédrale de Sens. Il s'agissait d'un procès avec le Chapitre.

Les Grands-Jours de Champagne se tinrent, en 1298, dans ces conditions ; y siégeaient : au nom du roi, l'abbé de Moutier-la-Celle, le chantre de Bayeux, l'archidiacre de Bruges (?), le trésorier d'Anjou et d'autres. Ils rendirent un jugement confirmatif du droit qu'avait l'abbesse de La Pommeraie d'ajuster les mesures à Provins (H. 935).

En 1297, le Chapitre d'Auxerre prêta à Guillaume de Chalon, damoiseau, comte d'Auxerre, des vases d'or et d'argent, lors de son départ pour l'armée du roi marchant contre le comte de Flandres (G. 1846).

XIV° Siècle.

Lorsque Philippe-le-Bel chassa les Juifs de France, il y avait à Sens une colonie importante de ce peuple. Leur cimetière, situé au faubourg Saint-Pregts, fut séquestré et vendu à J. Chacerat qui le donna aux Célestins de Sens, en 1308 ; ceux-ci le morcelèrent et le baillèrent à rente (H. 489). Les traces de la peste noire se voient dans le diocèse de Sens. En 1348, l'archevêque adresse à ses curés une circulaire contenant défense d'inhumer dans les églises les morts de l'épidémie, de peur d'infecter les vivants (G. 3).

Les curés de Grandpuits et de Bonbon moururent de la peste (G. 343).

D'autre part, les invasions anglaises forçaient le Gouvernement à imposer le clergé au dixième de son revenu. Les dignitaires du doyenné de Provins sont invités, en 1357, à envoyer des députés auprès du duc de Normandie, le 20e jour après Noël, pour débattre avec lui et le roi de Navarre les charges qui leur seraient imposées (G. 378).

Une mention en quelques lignes caractérise bien la situation du diocèse de Sens au milieu du xive siècle. « En ce temps personne « n'osoit aller par les champs, *propter metus Britonum et aliorum* « *malefactorum* » (an 1363) (G. 407).

Les curés du doyenné de Provins abandonnèrent leurs paroisses à l'approche des ennemis qui dévastaient le pays, et ils se retirèrent, comme cela avait lieu partout, dans les forteresses (G. 379). — En 1365, au mois d'octobre, les Gendarmes étaient en Gâtinais (G. 347).

En 1371, Charles V créa le bailliage d'Auxerre après la réunion du Gomté à la couronne. Louis XI et d'autres rois confirmèrent cet établissement (B. 1). Les frais de rédaction de la coutume d'Auxerre furent imposés sur les paroisses de tout le bailliage (B. 2).

XVe et XVIe Siècles.

En 1409, le bailli de Sens saisit le temporel de l'archevêque de cette ville qui « malgré les défenses du Roi est entré dans le parti « des princes d'Orléans » (G. 262). Le 9 mai 1412, le roi dine à Sens en allant « en l'ost », c'est-à-dire au camp devant Bourges (G. 968).

Pendant toute la première moitié du xve siècle, le pays sénonais fut livré aux courses des bandes Anglo-Bourguignonnes. Les archives en ont conservé de nombreuses traces. An 1424, « des dîmes de « Nailly, Courtois, Villebougis et Villegardin, néant, parce qu'il n'y « demeure personne » (G. 539).

An 1427. « Il ne demeure personne à Mâlay-le-Vicomte, Courtois « et Paroy, pour la fortune de guerre » (G. 539) ; en 1433, les chanoines de Notre-Dame de Sens font remise à l'abbé de Saint-Paul d'une rente de deux muids de vin, et ce « *occasione sterilitatis vini et* « *guerre proh dolor ! nunc in regno Francie et potissime circa* « *civitatem Senonensem vigentis et alias* » (G. 1479).

En 1436, le 2 mai, deux députés de la ville de Sens vont aux Etats à Paris. Ils sont en la compagnie de l'archevêque et voyagent par eau « pour le doubte des Anglois » (CC. 1, Sens).

Le siége de Montereau par le roi, au mois d'août 1437, l'amène à Sens le 11 et les habitants lui font, ainsi qu'à sa suite, des présents en vin (CC. 1, Sens).

L'année suivante, l'archevêque est arrêté hors de Sens, sur le chemin de Bray, par un parti d'Anglais (CC. 1). On voit alors dans cette ville les capitaines de gens d'armes, Jean de Corberon, capitaine de Montereau, et Perrinet Leclerc, capitaine de la Charité (CC. 1).

Les comptes de cette époque font un tableau lamentable du pays : en 1439, le receveur du doyenné de Melun déclare que les bénéficiers ne peuvent payer leurs redevances à cause de leur pauvreté « *et nimia guerrarum voragine, nam in pluribus eorumdem locis minime adest curatus, aut residens parochianus unus* » (G. 351).

La guerre amène la dépopulation à Jaulne. « Il y demeure si peu de monde que c'est pitié ; à Bazoche, a esté tout détruit ; » à Villenaux et Pont-sur-Yonne, il en est de même (G. 1304). A Collemiers, Subligny et Vaudeurs, les villes sont détruites et inhabitables (H. 267). — Rentes restées impayées à Mâlay, Monceaux, Evry, etc. (G. 980). — En 1477, l'évêque Enguerrand, prenant possession de son siége d'Auxerre, déclare que l'évêché est réduit à la pauvreté par suite des guerres qui y ont eu cours (H. 1218).

Le clergé de Sens, pendant ce temps, implorait le ciel pour obtenir la paix. De 1412 à 1475 on voit de nombreuses processions générales et des sonneries des cloches (G. 1132, 1135 et 1137). On sonne notamment en 1475 « pour les bonnes nouvelles de la destrousse « faite par M. de Combronde et autres seigneurs françois sur les « Bourguignons » (G. 1139).

En 1469, un chevaucheur du roi apporte à Sens des lettres en date du 14 septembre, adressées aux gens d'église, nobles, bourgeois et habitants, annonçant la paix du roi avec son frère, le duc de Guienne (CC. 4, Sens).

En 1479, le roi fait venir de Sens « des menagiers à Arras, autre« ment dit Franchise, pour le repopullement d'icelle » (CC. 5, Sens).

En 1493, le 5 septembre, l'archevêque de Sens, T. de Sallazar, passe à Saint-Julien-du-Sault avec 70 chevaux, « lequel archevesque « s'en alloit en ambassade en Allemagne pour le Roy et bien du

« Royaulme, et soupe avec plusieurs personnes de la maison du roi »
(G. 526).

Une enquête de 1494 (G. 114, 115), fait un tableau lamentable du pays sénonais et particulièrement de Sépeaux (Yonne). Ce pays était devenu désert par suite de la guerre. Après la paix, vers 1450, des habitants y reviennent. Il y en a de l'Anjou, du Nivernais, de Bretagne et du Limousin. Le curé n'ayant point de maison, habite sous la tour de l'église.

En 1496, le receveur de la Vicomté de Sens déclare : « que le pays
« de Gastinois, comme chascun scet, a esté longtemps inhabité, par-
« quoy ils sont venus des grands bois à l'occasion des guerres qui
« commencèrent il y a 80 ou 100 ans, tellement que le peuple qui y
« soloit estre n'en est pas demoré ung au pays » (G. 541).

Une enquête de 1518 rapporte que deux habitants de Domats sont venus du Maine et de l'Anjou trente ans auparavant ; un troisième est originaire de Guyenne, un autre est né en Bretagne, un autre en Sologne (H. 888).

A la fin du xve siècle les communautés religieuses aliénèrent une grande étendue de propriétés rurales à condition d'y bâtir des maisons, et des bois à condition de défrichement (G. 991 à 993).

Au xvie siècle, l'usage des processions générales annoncées par la sonnerie des cloches continuait à être pratiqué à Sens dans toutes les circonstances graves, à propos des guerres, des victoires, de la paix, etc. — L'empereur menaçant la Champagne en 1544-45, on fait des processions à Sens « pour implorer en grâce de Dieu, pardon et « la paix. » On sonne le feu de joie de la paix « qui a pleu à Nostre-« Seigneur nous accorder en pitié » (G. 1155). On avait fait 14 processions en 1544 (G. 1154).

En 1548, on fait à Sens cinq processions « pour la santé et prospérité de Mgr le Cardinal de Lorraine, archevêque de Sens » (G. 1157). En 1557 et 1558, on sonne 83 processions pour la paix, etc. (G. 1162). En 1554, le Chapitre d'Auxerre avait fait aussi une procession, sur la demande du roi, pour obtenir la paix (G. 1799).

Les guerres de religion ont laissé de nombreux souvenirs dans les archives de l'Yonne. En 1567, la ville d'Auxerre fut prise par les Huguenots, et ses monuments, la cathédrale particulièrement, furent ruinés (E. 487, 489). Les habitants notables se réfugièrent à Saint-Bris, à deux lieues de la ville (St E). Dans le même diocèse, la dévastation des maisons religieuses, presbytères, etc., eut lieu alors sur une grande étendue (G. 1726). Le Chapitre cathédral dont le trésor avait été pillé (G. 1854), rédigea ensuite un mémoire pour obtenir une enquête judiciaire afin d'informer sur les ruines et dégâts faits par les gens de la Religion prétendue réformée, lors de la prise et du pillage de la ville d'Auxerre, en 1567 (G. 1790). L'abbaye Saint-Germain fut saccagée de fond en comble (H. 1000 et 1011). Il en fut de même de celle de Saint-Marien (H. 1208).

A Sens, l'abbaye Sainte-Colombe, l'abbaye Saint-Jean et les faubourgs furent saccagés et brûlés, en 1567 (H. 9, 16 et 381). — La ville de Sens avait fait de nombreuses dépenses pour se préserver de l'attaque des Huguenots (CC 13, Sens). — En 1578, le roi accorde aux ecclésiastiques de ce diocèse une exemption de produire leurs titres dans les procès, « attendu que depuis 1562 qu'ont commencé « les troubles pour le fait de la religion, la plupart des églises et « monastères du diocèse de Sens et leurs maisons ont été rasées et « démolies, et une grande partie des ecclésiastiques tués et massa- « crés » (H. 810). Le prieuré de Vieupou avait été dévasté et brûlé (H. 811).

Aux Etats de Blois, en 1576, le clergé du diocèse d'Auxerre donna pour programme à son député « que en une monarchie bien établie n'y doivent y avoir que ung Dieu, ung roi, une loy. » Et en 1593, le cahier du même clergé aux Etats-Généraux de Paris portait « qu'il y aura ung roy nommé par les Etats, qui sera catholique » (G. 1725).

Les troubles de la Ligue ont laissé des traces dans les archives. En 1588, les habitants de Sens sont ligueurs. Ils abattent les arches des ponts, murent les portes de la ville, fondent des canons et achètent de la poudre pour résister aux troupes du roi (CC. 14, Sens). En 1587, il y avait eu 25 processions générales. On sonna les grosses cloches pour annoncer la victoire du Duc de Guise sur les Reîtres (G. 1171). Le Chapitre cathédral y prie Dieu pour le roi Charles IX, 1589 décembre (G. 678). La même année le Chapitre cathédral fit 21 processions tant aux Cordeliers qu'aux Jacobins (G. 1171).

Le Doyen de Melun déclare qu'il n'a pu recevoir des bénéficiers les grains qu'ils devaient : « *propter cursus militum, tumultus bellorum, domorum vastationibus, tum ecclesiarum ruinam* » (G. 354).

Dans l'Auxerrois, le château de Coulanges-les-Vineuses, défendu par Boisjardin, fut repris le 3 juin 1589 par le capitaine Carretz, d'Auxerre, et il y fut tué trois habitants de Cravan qui combattaient sous le capitaine ligueur de cette ville nommé Laprime (St-E., GG. 1, Cravan).

La conversion d'Henri IV amena la soumission de Sens, qui fut occupé par M. de Givry, le 20 avril 1594 (G. 678). Avallon se soumit également (E. 526).

XVIIe Siècle.

Au XVIIe siècle, les processions n'ont plus de caractère politique. En 1615, juin, le chapitre de Châtel-Censoir arrête qu'une procession générale sera faite « pour la stérilité du temps. » La châsse de saint Potencien y fut portée par douze habitants désignés pour cet office, et ayant la tête et les pieds nuds (G. 2240). *(Voyez mœurs et usages).*

A la même époque, les habitants d'Auxerre font des processions générales à Pontigny et à Saint-Bris pour avoir de la pluie. Une procession a lieu pour obtenir de Dieu, par l'intercession de la Sainte-Vierge, l'éloignement de la peste de la ville. Une autre procession est faite à Saint-Germain pour obtenir de ce saint sa protection pour éloigner les *urbecs* des vignes.

Les sévices des gens de guerre contre les habitants des villes et surtout des villages, sont fréquents dans la première moitié du XVIIe siècle. Les soldats pillent les habitants, en tuent quelquefois et en emmènent pour les rançonner. Les registres paroissiaux sont remplis de détails lamentables sur ce sujet (Voy. suppl. E., aux paroisses de : Eglény et Pourrain, canton de Toucy ; Etais, canton de Coulanges-sur-Yonne ; Treigny, canton de Saint-Sauveur ; Chéu, canton de Saint-Florentin ; Thorigny, canton de Villeneuve-l'Archevêque ; Cry, canton d'Ancy-le-Franc, etc.

Nous signalerons particulièrement le journal de M. de la Mortillière, prieur de Chéroy, aux années 1652, 1653, pour les pillages et massacres qui ont été commis par les soldats du comte de Montbas et d'autres (Chéroy, Suppl. E. GG. 9).

En 1656, le 2 octobre, la reine de Suède fit son entrée à Sens (G. 1071).

En 1668, les Etats particuliers du Comté d'Auxerre délibèrent sur l'union de ce pays avec le Duché de Bourgogne (G. 1727).

En 1699, l'assemblée des évêques de la province de Sens prononce la condamnation du livre de Fénelon ayant pour titre : *Explications des Maximes des Saints* (G. 32).

XVIIIe Siècle.

Les registres paroissiaux sont remplis de mentions sur l'intensité et la durée du froid de l'hiver de l'année 1709, et la misère et la mortalité que cet état de la température amena. Des personnes moururent de froid, d'autres de faim (voyez Suppl. E) et spécialement à Vermanton, une délibération portant que les habitants meurent chaque jour de faim par douzaines, et qu'il sera engagé une partie de l'argenterie de l'église pour les secourir (BB. 1).

Les registres paroissiaux, série E Suppl., renferment encore des renseignements sur les épidémies qui ont sévi dans certains villages, et les incendies qui en ont ravagé d'autres au xviiie siècle.

La série G. 196, 197, contient des procès-verbaux de visites des communautés religieuses de femmes du diocèse de Sens, par Mgr Languet, en 1744, pour s'assurer si elles avaient l'esprit janséniste ou non.

A l'occasion du Sacre du roi Louis XVI, en 1774, il fut distribué par le Chapitre de Sens 1,000 livres de pain aux pauvres de la ville (G. 1122).

Turgot écrit aux échevins de Sens en 1775, pour leur recommander de ne pas porter atteinte à la liberté du commerce des grains (BB. 3).

Les habitants de cette ville offrent au roi, en 1782, 30,000 livres pour aider à la construction d'un vaisseau de guerre (BB. 4). En 1789, le 13 juillet, le corps municipal vote à M. de Chambonas, commandant de la garde nationale, des remerciements pour avoir sauvé les grains destinés à la ville, du pillage dont ils étaient menacés de la part des habitants des campagnes voisines (BB. 4).

A Auxerre, le bureau de ville demande au Chapitre cathédral de faire la procession générale annuelle de Quasimodo, en actions de grâces de la délivrance de la ville des ravages des Calvinistes (9 avril 1789, G. 1810).

Au mois de septembre 1789, le roi prie l'évêque d'Auxerre de faire faire des prières pour la tranquillité du royaume troublée par les brigands (G. 1810).

Les habitants de Sens tiennent une assemblée générale pour la rédaction du cahier de leurs doléances destiné à leur député aux Etats généraux de 1789 (AA. 2 Sens).

Enfin, le Chapitre cathédral d'Auxerre se soumet au décret de la Constitution civile du clergé, le 29 décembre 1790 et se dissout (G. 1811). Le Chapitre de Sens au contraire a protesté.

2° BIOGRAPHIES.

Les archives de l'Yonne renferment, dispersés dans les fonds nombreux qui les composent, des documents variés sur une foule de personnages qui ont eu dans l'histoire un rôle plus ou moins marquant. Nous avons essayé de les recueillir et de les grouper dans l'ordre alphabétique. Nous signalerons auparavant un registre important, rédigé par le doyen du Chapitre de Sens, Charles Fenel, et intitulé : *Catalogue des dignités et chanoines du Chapitre, depuis l'origine de ce corps jusqu'au XVIII° siècle* (G. 700 et 701). Ce titre dit assez que le travail renferme des renseignements sur un grand nombre d'individualités.

Adry (Jean-Félicissime). — Savant oratorien, né le 17 mars 1749, (Suppl. E., Vincellotte, canton de Coulanges-les-Vineuses).

Affry (le vicomte d'). — Capitaine aux gardes suisses ; son contrat de mariage avec Mlle Gigot de Bois-Bernier, 1780 (B. 335).

Alboust (Jean), an 1624, premier médecin du roi (B. 288).

Alpès ou *Alpaïs* (la bienheureuse) vierge « qui passe à Cudot une vie glorieuse et admirable » an 1180 (H. 28).

Amyot (Jacques). Evêque d'Auxerre : an 1584, achète des maisons à Auxerre pour y établir un collége (E. 406). — Curieux inventaire de ses meubles et de sa bibliothèque, après sa mort en 1593 (G. 1838).

Archevêques de Sens du XIII° au XVIII° siècle. Leurs biographies, etc. (G. 1, 2, 3).

Arnaud de Cervolles dit l'Archiprêtre. Sa femme, la dame de Château-Vilain, en 1363, a le curé de Pouy pour chapelain (G. 407).

Chastellux (Claude de Beauvoir, sire de) rend au Chapitre d'Auxerre la ville de Cravan « qu'il avoit reprise sur les ennemis de Dieu et du Roi en 1423 » (G. 1821).

Saint Bernard. — Vers 1150, il scelle un accord entre les moines de Vauluisant et les Templiers. Son sceau représente une crosse (H. 675).

Bureteau, Religieux Célestin à Sens, chroniqueur. — En 1503, il donne à son couvent un héritage sis au Clos-Bureteau ; Evrard Hympe et J. Legrand, verriers, sont témoins (H. 496).

Condé (les princes de) ont leur sépulture dans l'église de Vallery (Suppl. E. GG. 1 à 6, Vallery). Mort du prince Henri le 26 décembre 1646 et cérémonies à sa sépulture. — Détails sur leur inhumation dans le journal du prieur de Chéroy (St-E. G. 9 et G. 2521).

Courtenay, les sires de Courtenay se qualifiaient de princes du sang royal au XVIIe siècle (Tannerre, canton de Bléneau, GG. 1 à 8 Suppl. E).

Cousin (Jean), peintre. En 1526, il lève le plan des limites des seigneuries de Fouchères et de Saint-Valérien (G. 1409). — En 1529, il dresse les plan et devis pour la construction de l'enceinte des murs du village de Courgenay. Il est dit dans l'acte : « peintre en la ville de Sens. » (H. 720). En 1531, il raccommode et peint une statue de Notre-Dame dans la cathédrale de Sens (G. 1148). En 1550, il visite plusieurs fois la table d'or de la cathédrale de Sens et fait un dessin pour la placer sur le grand autel. En 1552, il dessine un fût d'orgue (G. 1158). En 1548, il demeure encore à Sens et possède un jardin, paroisse Saint-Léon (H. 421).

Le Grand *Dauphin*, fils de Louis XV et la Dauphine sont inhumés dans un caveau de la cathédrale de Sens (G. 135 et 681).

Davout (Louis-Nicolas), maréchal de France, baptisé le 11 mars 1770, fils de Jean-François, seigneur d'Annoux, et de dame Adélaïde Minard de Velard (Suppl. E, Annoux, canton de l'Isle-sur-le-Serain).

Saint Ebbon, archevêque de Sens, issu de la maison des comtes de Tonnerre (H. 173).

Fenel (Charles-Henri), Doyen du Chapitre de Sens, lègue à ce corps sa bibliothèque et ses manuscrits « pour l'usage des persones d'église et donne des biens pour l'entretien de la bibliothèque, » en 1725 (B. 294, G. 680 et 723).

Fenel (Pascal), chanoine de Sens, membre de l'Académie des Inscriptions. — En 1740, Mgr Languet lui fait allouer 100 livres pour chaque mois de l'été qu'il demeurera à Paris pour travailler à l'histoire de Sens (*idem* en 1745).

Jameray (Valentin Duval). — 1695, 24 avril. Baptême sur la paroisse d'Arthonnay, canton de Cruzy (Suppl. E). — Conservateur du cabinet des médailles à Vienne (Autriche).

Hodoard (Philippe), chanoine de Sens, fondateur du collège de cette ville en 1537 (GG. 2 Sens).

Hympe (Jean), peintre-verrier, demeure à Sens près de la tour neuve de la cathédrale (an 1515, G. 543). (Voyez *archéologie*).

Lebeuf (l'abbé Jean), membre de l'Académie des Inscriptions. — En 1712, requiert l'évêque d'Auxerre de lui conférer un canonicat attendu sa qualité de gradué (E 494). En 1742, la Chambre du Clergé de Sens lui alloue 120 livres pour les soins qu'il a donnés à examiner le chant du graduel de Sens (G. 566).

Saint Loup. — Don par Hugues, archevêque de Sens, en 1160, à l'église de Saint-Loup de Nô, d'une partie des reliques de saint Loup reçues des religieux de Sainte-Colombe (H. 172).

Letellier de Louvois (Michel-Fr.) Comte de Tonnerre, mort le 12 mai 1721. — Mention de la présentation de son corps à Ancy-le-Franc, lequel doit être inhumé dans la chapelle des Capucines, place Saint-Louis-le-Grand, à Paris (St-E, Ancy-le-Franc). (Voyez *archéologie*, article Paris).

Mathoud (Dom), écrivain bénédictin, élu secrétaire du Chapitre de Saint-Pierre-le-Vif-les-Sens en 1687 (H. 173).

Maure, représentant à la Convention. — En février 1792, il remercie les habitants de la paroisse Saint-Eusèbe d'Auxerre de l'avoir élu marguillier, mais il ne peut accepter à cause de ses fonctions publiques (G. 2373).

Montpensier (Mlle de). — Détails sur sa vie pendant son exil à Saint-Fargeau. — 1653, 31 janvier, mort de Françoise, sa petite naine qui n'avait que deux pieds de haut. — Elle est souvent marraine à

Saint-Fargeau, qu'elle habite jusqu'en 1657 au moins. — Détails sur ses officiers (Suppl. E. GG. 1, Saint-Fargeau).

Odebert (Pierre), Président au Parlement de Bourgogne, fondateur du collége d'Avallon (xviie siècle) (D. 22).

Poisson, curé de Marsangis, compositeur et écrivain sur la musique religieuse, 1729 (G. 566).

Pourchot (Edme), Recteur de l'Université de Paris, né à Poilly-lès-Aillant, le 7 septembre 1651 (Suppl. E, Poilly).

Roger de Collerye, prêtre, bachelier en droit, secrétaire de l'évêque d'Auxerre, poëte ; anecdote curieuse sur ses relations à Paris en 1513 (E. 494).

Sergines (Geoffroy de). — En 1234, engage sa part des dîmes de Sergines à l'abbesse de la Pommeraie. Autres mentions de membres de cette famille et de celle des Barres (H. 942).

Soufflot (Jacques-Germain), architecte du Panthéon, né à Irancy, le 5 janvier 1709 (Suppl. E, Irancy, canton de Coulanges-les-Vineuses).

Vauban (Sébastien Prêtre), fils d'Albin Prêtre, écuyer, et d'Edmée Cormignolle, né le 15 mai 1633 (Suppl. E, Saint-Léger-Vauban). — Il est parrain d'une cloche à Fontenay près Vézelay, le 8 novembre 1690, avec sa femme dame Jeanne d'Aulnay (Suppl. E, Fontenay).

— Madame de Vauban assiste au mariage de Noble-François Friand, secrétaire de M. de Vauban (Suppl. E, Vézelay, paroisse Saint-Pierre, an 1691).

Verres (Nicolas de), chanoine, archidiacre de Sens en 1374 (G. 700), clerc du roi, secrétaire du duc de Normandie, donne aux chartreux de Valprofonde la terre du Mez-l'Abbesse, en 1364, à charge de services religieux (H. 881).

3° MŒURS ET USAGES.

Nous avons réuni, par ordre alphabétique, sous ce titre un certain nombre de faits que renferment les archives de l'Yonne, mais nous en négligeons beaucoup d'autres.

Les pièces de dépenses du scelleur, des officialités et des doyennés de l'archevêché de Sens (G. 245 à 421) et les comptes de la Chambre et des autres offices du Chapitre de Sens du xive au xvie siècles (G. 732 à 1227) sont remplis de détails curieux sur les mœurs et les usages de ces temps, sur l'organisation matérielle de la maison des archevêques, etc. — On y trouve aussi souvent la mention de présents faits aux grands personnages de passage à Sens. — Une autre série, celle des registres de justice (B. 7 à B. 31) contient de même des renseignements intéressants sur les pénalités relatives aux mœurs.

Archevêques de Sens. — An 1367 « Pris 200 de feure en la grange de Sens pour faire nattes pour la chambre de Mgr en son hostel à Sens » (G. 534). L'archevêque a droit à un repas tous les ans dans chaque abbaye de l'ordre de Citeaux de son diocèse ; et quand il est à Sens, le jour de Pâques, les abbés de Saint-Jean et de Saint-Pierre lui doivent chacun un bœuf gras (an 1391, G. 176).

En 1393, on achète 100 anguilles et 24 saumons à Gien-sur-Loire, pour la fête de l'archevêque ; on les sale et on les envoie à Sens (G. 309). — En 1402, on amène par bateaux, de St-Julien-du-Sault, domaine de l'archevêché, 24 charretées de foin pour la provision de l'hôtel de l'archevêque à Sens (G. 537).

En 1461, l'archevêque Louis de Melun écrit au doyen de Saint-Florentin « qu'il assistera lui douzième aux noces de son compère Gaucher, et qu'il ait à lui trouver un logis » (G. 396).

L'archevêque T. de Sallazar était grand chasseur. Il écrit en 1482 au doyen de Provins et en 1486 au doyen de la rivière de Vanne, pour leur annoncer l'envoi de ses chiens (G. 385 et 421). Son successeur avait, en 1539, des levriers et des chiens courants à Brienon (G. 494). L'archevêque étant en tournée pastorale en 1485, arrive à Joigny avec 18 chevaux (G. 397). — Un évêque de Nevers fut reçu, en 1527, par l'évêque d'Auxerre à son château de Varzy (Nièvre) avec sa suite et 20 chevaux (G. 1718).

Portage des évêques d'Auxerre. — La cérémonie féodale du portage des évêques d'Auxerre à leur première entrée dans leur ville capitale, par les quatre premiers barons du Comté, est décrite tout au long dans un procès-verbal de 1560 (H. 1011).

Baptêmes. — Les seigneurs et leurs femmes étaient fréquemment parrains des enfants de leurs vassaux. Madame de Clermont, fille du marquis de Cruzy, le fut à Ravières plus de vingt-cinq fois (Suppl E. 1638, etc., Ravières). — Roger de Clermont, marquis de Cruzy est également très souvent parrain *(ibid)*. — Marie-Catherine de Bessey, femme du seigneur de Mareuil, est plus de quarante fois marraine (Ravières, Suppl. E, ans 1660 à 1694). — En 1609, l'évêque d'Auxerre tenant son synode fait défense à ses curés de recevoir plus de deux personnes au baptême d'un enfant, soit un homme et une femme, à cause des inconvénients de l'affinité spirituelle et de l'empêchement des mariages (Suppl. E, Bazarne, canton de Vermanton).

Le baptême de la fille de M. de la Coudre, en 1628, présente la cérémonie suivante : M. Bertheau, procureur fiscal, a porté la salière de cérémonie. - - Dans un autre baptême, on voit les porteurs du chresme, du sel, du bassin, etc. (Suppl. E, Vincelles, canton de Coulanges-les-Vineuses).

En 1657, mariage de Nicolas Fourignon, valet de chambre du marquis de Saint-Bris, avec la veuve Goisot ; assisté du dit seigneur et de sa femme, la célèbre marquise de Lambert ; de Henri de Lambert, capitaine de cavalerie; Henri de Régnier, baron de Guerchy et autres.

En 1610, décès à Gurgy, de Sébastienne Macé, âgée de 120 ans (Suppl. E, canton de Seignelay).

Les registres de la série E, Suppl. contiennent encore ces faits curieux : Toucy, 6 septembre 1586. — Baptême d'un enfant, parrain : « le capitaine de la petite Egypte. » — Courgenay, 1711, 12 novembre, baptême par M. de Louvois, abbé de Vauluisant, d'un anglais appelé Jean Camille, de la secte des quakers, âgé de 26 ans. — Nuits. — Baptême d'un esclave maure amené de la Guadeloupe par M. de Clugny, 18 janvier 1740 ; ibid, 23 octobre 1777, baptême de Charles Etienne, dit Azor, nègre au service de M. de Clugny.

Chasse. — Défense est faite de par le roi aux habitants d'Auxerre de chasser avec des bâtons et autres armes, quelques jours avant la Saint-Hubert, attendu que cette permission de chasser est une cause de débauche et de querelles (an 1683, B. 186).

Communion. — La communion sous les deux espèces était encore usitée dans l'église de Notre-Dame-la-d'Hors, à la fin du XVe siècle, et le produit d'une pièce de vigne était affecté à cette destination (H. 1210).

Droits et usages féodaux. — Le comte d'Auxerre, les sires de

Donzy, de Saint-Verain et de Toucy doivent assister à l'intronisation de l'évêque d'Auxerre (an 1200, G. 1593).

Madame de Guienne, passe à Sens en 1412. Le Chapitre lui donne à dîner. Les valets d'échançonnerie de la dame retiennent les pots et la nappe, en disant : « que tout estoit leur droit. » Le Chapitre compose à 10 sols pour racheter ses meubles.

Les habitants de Bannie, commune de Thury, devaient une selle et une bride au sacristain de Moutiers à chaque mutation de bénéficiaire (H. 1061).

Fêtes des Innocents et des Fous. — La fête des Fous est interdite à Sens par le cardinal Odo de Tusculum, en 1245 (G. 133). Cependant les clercs y continuent de la célébrer. En 1387, le Chapitre leur fait présent de vin à cet effet (G. 956). Les conciles de Sens de 1485 et 1528 édictent de nouvelles défenses contre la célébration de la fête des Fous et de celle des Innocents (G. 30, 32).

A Auxerre, le Chapitre rend, en 1407, une ordonnance pour interdire à perpétuité la fête des Fous. (G. 1798). A Avallon, le Chapitre collégial continue de la laisser célébrer ; en 1488, il fait donner « aux compagnons de l'église qui firent la feste le jour des Ygnocens appelé la feste aux Fols » un bichet de froment (G. 2038).

En 1460, l'évêque de Troyes écrit à l'archevêque de Sens pour le prier de faire cesser les abus commis chaque année dans les églises Saint-Pierre et Saint-Etienne de Troyes, dans la célébration de la fête des Fous (G. 35).

Fête de Saint Sébastien. — En 1485, les habitants de Sens offrent deux gros cierges aux armes de la ville, le jour de Saint-Sébastien, en l'église Saint-Paul « *à la place de la chandelle qui devoit être faite à* « *l'entour de la ville de Sens et qui ne s'est peu faire pour le grand* *coust* » (CC. 6).

Impôts. — En 1513, à Brienon, le receveur de la taille du plaid de mars va marquer sur la porte de chaque maison le chiffre de l'impôt par des traits de craie ou de charbon. Et si huit jours après on n'a pas payé, un sergent vient démonter la porte et la mettre en travers de l'huisserie « *et qui l'ouste ou repent doit 60 sols d'amende* » (G. 491).

Justice (Exercice de la). — Les baillis d'Auxerre aux xive et xve siècles prêtent serment à la prise de possession de leur siége, de garder les franchises de la ville (E. 522). Payé 5 s. à Jean Breton et Mahiet Oger, écrivains, pour avoir écrit l'évangile de Saint-Jean et peint un crucifix sur un tableau placé dans la cour de Sens pour recevoir les serments (an 1406, G. 261). François, maître des hautes-œuvres à Sens, est payé 20 s. et 10 deniers, pour ses gants, pour avoir pendu une truie à Ordon (an 1491, E. 526).

En tête du registre de la justice de Maison-Dieu (B. 14, an 1506) on lit cette épigraphe « *tant vault ung riche homme entre deux avocats* « *que une grasse poule entre deux regnards* ».

L'abbaye de Vauluisant a une maison à Troyes, située devant l'église Saint-Pantaléon, où elle jouit du droit de franchise entier (an 1313, H. 776).

Mais ; plat de noces, etc. — Les habitants des Siéges payaient, le jour de leurs noces, à l'abbé de Saint-Rémy de Sens, leur seigneur, un plat du repas ; ce droit fut converti, en 1259, en une redevance de 18 deniers (H. 284). En 1406, les habitants du Fay, payaient 2 s. 6 d. par feu « *pour avoir droit de prendre du may au mois de may* « *es bois de Mgr de Sens* » (G. 530).

Chaque année, le jour de la fête de Saint-Jacques, le chapitre de Sens faisait distribuer des pommes à tous les gens de l'église, et on présentait de l'herbe aux chanoines. Le jour de la Pentecôte on lâchait un pigeon et on jetait des oublies au peuple (G. 1222, an 1600).

A Sens, lorsque la procession générale annuelle du Chapitre du jour de Saint-Marc passait devant le couvent des Annonciades, les religieuses étaient tenues de faire présenter par une de leurs tourières un chapeau de fleurs, pour mettre à la croix de la procession. C'était une marque de droit seigneurial ajoutée au droit de cens dû sur les maisons de leur monastère (H. 951, an 1727).

Livres enchaînés, légués, donnés à bail. — Pour opérer la conservation des livres au moyen-âge, on les enchaînait sur les pupitres. Maître Etienne de Lignières, léguant, en 1421, au chapitre d'Auxerre des manuscrits des *Décrétales* et d'autres ouvrages, voulut qu'ils fussent enchaînés dans la librairie (G. 1798 bis). Le chapitre de Sens fait acheter, en 1426, des chaines pour sa librairie (G. 971). En 1446, J. Chausson, chanoine de Sens, prend à bail un bréviaire à l'usage de Sens, pour 20 s. par an, lequel livre était attaché en la nef de la cathédrale (G. 1502). En 1504, le cellerier avait encore devant lui son livre de chant enchaîné (G. 1144) ; et les *épitres de Sénèque* étaient attachées de même du côté du trône de l'archevêque. En 1511, les Frères-prêcheurs et les Cordeliers de Sens avaient dans leurs librairies, enchaîné sur des pupitres, le *Speculum historiale* de Vincent de Beauvais. En 1455, Gilles Hodebin, curé de Saint-Hilaire, lègue au chapitre de Sens un volume des *lettres de Sénèque*, les *lettres de saint Bernard* et un autre volume, et veut que ces livres soient attachés avec des chaînes dans le chœur de la cathédrale (G. 134). Le prieur-curé de Molinons, qui mourut en 1504, possédait un bréviaire, un *Boëce, de consolatione*, un *Virgile*, un *Salluste*, un *Cicero, de remedio amoris*, une *Institute*, un *Catho pro pueris*, etc. et une épinette (G. 421).

En 1509, on voit un bail à nourriture d'enfants orphelins, à charge de les envoyer à l'école et de leur faire apprendre un métier (E. 376). Cette espèce de documents se rencontre fréquemment.

Médecins, chirurgiens apothicaires. — « Payé à Denis Thibault et « à cinq autres barbiers et chirurgiens, 70 s. pour avoir incisé et « ouvert la femme de Pierre Villiers, laquelle trespassa soudaine- « ment » (an 1491, C.C. 7, ville de Sens). En 1740, Soulelion, apothicaire fournit aux Annonciades de Sens : 12 paires de cloportes, deux scrupules d'yeux d'écrevisses ; idem de poudre de vipère et une once d'huile de vers (H. 961).

Mœurs, bigames, etc. — Les registre des officialités contiennent souvent aux xive et xve siècles, des mentions de condamnations d'individus comme bigames (G. 252-253). En 1505, un individu est amené à Sens dans les prisons de l'officialité « *qui duos aut tres « nomine matrimonii duxit uxores* » (G. 318).

En 1535, le chapitre de Sens paye à Jean Hympe « *pour avoir peint « devant la porte Saint-Michel de la cathédrale le feu Saint-Antoine, « pour obvier aux immondices faites continuellement par le commung « populaire* » (G. 1150).

En 1543, Nicolas Cornet, chanoine de Bray, est accusé de s'être déguisé en carnaval avec d'autres gens d'église « *et d'avoir presché « en la ville de Bray un sermon de toute joyeuseté qu'il avoit composé « et rimé luy-même.* » (G. 670).

Orages conjurés. — La sonnerie des cloches pendant les orages est fréquemment mentionnée. — En 1726, les habitants de Chablis « sui-« vant l'ancienne erreur » s'imaginaient qu'à force de sonner les cloches ils détourneraient les orages. Ils ont donc voulu avoir de grosses cloches qu'ils sonnaient à la moindre apparence de tempête (G. 2306). Le curé de Charentenay, rendant compte à l'évêque d'Auxerre de l'état de sa paroisse, en 1682, rapporte « qu'il y a encore « beaucoup de superstitions, comme de crier quand il tonne, croyant « qu'ils empeschent la gresle » (G. 1654).

Peste. — En 1586, la peste sévit à Sens. On ferme avec des barres de fer plusieurs portes et fenêtres de maisons atteintes par la contagion. Les malades guéris sont envoyés « *prendre l'air des champs* » (J J. 5, Sens).

Police des églises. Evêques et chanoines barbus exclus du chœur. — A la prise de possession de son siége par le cardinal de Bourbon, archevêque de Sens, en 1535, les évêques suffragants qui portaient de longues barbes ne furent pas admis au chœur (G. 678). La réception du chanoine Boitel par le chapitre d'Auxerre, en 1558, sans qu'il fût obligé de se raser la barbe, n'eût lieu qu'à condition qu'il n'assisterait point à l'église en cet état (G. 1854). Une ordonnance du lieutenant civil d'Avallon, pour la police de l'église Saint-Pierre de cette ville, défend aux paroissiens d'y entrer avec des peignes sur la tête, leurs cheveux en papillotes, étant en veste, avec des tabliers, etc. (an 1769, G. 2410).

Un jeune chanoine fut fouetté en plein chapitre, à Auxerre, pour s'être battu avec un de ses confrères (G. 1854, an 1578).

Il y avait dans l'église Saint-Père-en-Vallée d'Auxerre une statue de vierge à deux visages, placée au-dessus du banc d'œuvre, et qui avait été donnée par M. Dormoy, officier de M. le Prince. Elle fut ôtée en 1755, parce que cela provoquait les plaisanteries des étrangers, et qu'on disait « tu ressembles à la Vierge de Saint-Père, quand « une personne étoit double » (G. 2397).

Présents faits. — Parmi les nombreux documents de ce genre nous citerons les suivants : en 1427, il est fait présent d'un cochon à Pierre le Verrat, capitaine de Sens (G. 540).

Les habitants de cette ville font souvent des présents pour s'attirer la protection des grands. En 1462, ils en font en pain, vin et poisson à vingt-huit personnes (CC. 3). En 1491, ils envoient une chèvre sauvage à M. Le Grand, président à Paris (CC. 7). Les vérificateurs des comptes blâment souvent ces dépenses comme superflues. En 1496, le maire, les échevins et le procureur s'achètent à chacun une robe et un bonnet « qu'ils mettront pour l'onneur de l'entrée du Roy » ; mais la dépense de 16 livres est rejetée par les vérificateurs du compte à Paris. — Autres dépenses et présent d'hypocras fait au cardinal de Bourbon, archevêque, le jour des Rois 1553, et de 110 chapons donnés aux officiers du roi au jour de l'an précédent, rejetées également (CC. 8 et CC. 12).

En 1545, le chapitre de Sens fait présent à l'archevêque de 6 coqs d'Inde et 2 oisons sauvages (G. 1007). Pendant la Ligue, le duc de Guise est souvent à Sens. Le Chapitre lui fait des présents en vin, le 27 septembre 1591, le 7 juillet 1592, le 5 février 1593, le 21 janvier et le 17 février 1594 (G. 1018).

En 1749, le chapitre de Sens fait présent de 100 bouteilles de Champagne à M. de Montigny, trésorier de France (G. 1116).

Processions. — Outre les processions politiques dont nous avons parlé au chapitre *Histoire*, on trouve également des processions pieuses. En 1387, le Chapitre de Sens paye 12 deniers à chacun des douze compagnons qui représentaient les douze apôtres à la procession de la Fête-Dieu (G. 956). En 1513, Jean Hympe, peintre, peint les armes de la ville de Sens sur 14 torches de cire présentées aux officiers du roi et aux maire et échevins, pour accompagner le Saint-Sacrement à la procession de la même fête (CC. 10, ville de Sens).

Serments, blasphèmes. — En 1506, Clément Musnier est poursuivi pour avoir blasphémé et juré la Vertu-Dieu ! par plusieurs fois ; et attendu qu'il est jeune, « a esté renvoyé et a esté chastié de verges » (B. 14). Pierre Nauldot est condamné à 2 s. d'amende, en 1546, « pour avoir juré la teste de saint Jean » (E. 252).

Sorciers, invocation du diable. — En 1483, l'archidiacre de Melun condamne Baudoin Villain à un écu d'amende pour avoir usé du ministère d'un prétendu sorcier de Courlon, afin de découvrir des trésors cachés dans sa maison (G. 81). En 1542, Jean Guybier est condamné à cinq sous d'amende pour avoir donné son corps et son âme au diable (E. 251).

Un arrêt du Parlement de l'an 1644 confirme une sentence du bailli d'Appoigny par laquelle Edme Grillot avait été condamné à être fustigé et banni pour avoir baigné Valentin Guyard, soupçonné de sortiléges ; — lequel arrêt fait en outre défense de baigner qui que ce soit sous prétexte de sortilége, sous peine de la vie (G. 1699). En 1696, cinq personnes de Montigny accusées de sorcellerie, sont plongées dans la rivière du Serain, pardevant un notaire qui dresse acte de leurs diverses attitudes (G. 1661).

4° ARCHÉOLOGIE.

Les textes concernant l'archéologie s'appliquent surtout à la cathédrale de Sens ; cependant nous en signalerons quelques autres relatifs à la ville d'Auxerre et à certaines églises des paroisses. Les noms des architectes, des peintres et des sculpteurs qui y ont travaillé seront l'objet de mentions spéciales.

Cathédrale de Sens. — Bulles des papes accordant des indulgences à ceux qui feront des dons en faveur de l'église cathédrale (1165-1654). Quêtes en France dans ce but (G. 124). Indulgences en 1440 (G. 710).

Au milieu du XII° siècle, charte attestée par l'archevêque Hugues de Toucy, donnée « *in ecclesia nova Sancti-Stephani.* » la cathédrale de Sens (H. 377).

En 1341, on amène à Sens des bateaux de pierre d'Ivry, reçus par maître Jean de Vallerenfroy, maître de l'œuvre. — Maître Pierre, le peintre, peint la statue de Notre-Dame et dore la statue de la Vierge ; — maître Jean d'Amiens y fait des menuiseries (G. 1126).

En 1396, Robert de Helbuterne, maître des œuvres de charpenterie du duc de Bourbon, vient de Paris à Sens visiter le clocher de la cathédrale (G. 1129).

En 1409, on amène à l'église cathédrale de Sens l'aigle de cuivre donnée par Mgr de Reims, qui était à Paris. On y soude « plusieurs « bestes faisant gargoles au siége de ladite aigle. » — On nettoie la chapelle Notre-Dame, le crucifix et les autres images de l'entrée du chœur et on récure les quatre colonnes de cuivre qui sont autour du grand autel (G. 1132).

En 1439, établissement d'orgues vendues par J. Bourdon, organiste à Paris (G. 1134).

Il y avait, en 1446, dans le chœur de la cathédrale de Sens, neuf tombes de cuivre (des Archevêques) que l'on fait nettoyer (G. 1135). L'archevêque Bequard prescrit dans son testament « qu'il sera fabri-« qué sur son caveau une tombe du prix de 600 livres au moins, « *bona et pulchra* » (G. 135). — En 1524, François de Poncher, évêque de Paris, ordonne de faire poser une tombe de cuivre sur le corps d'Etienne Poncher, son parent, mort archevêque de Sens (G. 135).

Martin Chambiges, maçon, maître de l'œuvre (de la cathédrale de Sens), commença le 8 novembre 1490 la croisée de l'église du côté sud (G. 1141). — Les recettes totales de la fabrique s'élèvent à 1,145 livres, dont 746 livres du produit des *pardons*.

Pierre Gramain, tailleur d'images à Auxerre, taille huit *images* (statues sculptées), pour le portail de la croisée de la cathédrale de Sens (G. 1141, an 1491). — Hugues Cuvelier est maître de l'œuvre.

On amène des pierres de Saint-Leu.

1495-1501. — Nombreux travaux au portail sud de la cathédrale. Mᵉ Chambiges vient souvent à Sens (G. 1142).

Marché de travaux des vitraux du portail sud du transept avec Liévin Varin, Jean Verrat et Balthazard Gondon, verriers à Troyes (1500). Description des vitraux de la cathédrale en 1550. — Restauration du chœur et du sanctuaire et des jubés, en 1742 (G. 712). Travaux du portail nord du transept de 1501 à 1506 (ibid).

Gautier de Campes, peintre, fait les patrons d'une tapisserie de haute-lisse destinée à entourer le chœur de la cathédrale. Elle est faite par Guillaume Rasse, tapissier à Paris (G. 1143).

Pierre Gramain, passe un marché pour 26 images en la voussure du portail nord de la cathédrale de Sens (an 1503). Marché des vitraux du portail nord de la cathédrale avec Liévin Varin, Jean Verrat et B. Gondon, verriers à Troyes (an 1503). André Lecoq, imagier, amène de Bailly, près Auxerre, six pierres « pour faire les six grans « ymages du portail nord (an 1505, G. 1143).

Lettres du roi Louis XII portant don de 400 livres pendant six ans, pour aider à l'achèvement de l'édifice de l'église cathédrale de Sens « qui est une des plus belles de nostre royaume » (an 1506). — Travaux divers à l'église du XVIᵉ au XVIIIᵉ siècle (G. 128).

Il existe, dans une travée à gauche de la nef de la cathédrale de Sens, des restes importants de l'autel élevé au XVIᵉ siècle sur le caveau des parents de l'archevêque de Sallazar. En 1515, Hugues Cuvelier et Jean Fremy « montent les ymages et stature des père et mère « de Monseigneur sur la table de marbre » (G. 544).

Jean Hympe, père et fils, verriers à Sens, travaillent à la verrière de la porte d'Abraham et à celle qui est voisine (an 1516-1518, G. 1145-1146).

On travaille à force à la grosse tour de la cathédrale en 1532. On fait venir la pierre de Saint-Leu. Nicolas Godinet est maître de l'œuvre de l'église (G. 1149). — Les quêtes dans le diocèse pour la confrérie de Saint-Etienne sont faites pour contribuer aux travaux de la tour, au sud du portail (G. 1149). Elles sont abondantes.

En 1534, Jean Hympe peint sur le haut de la tour neuve du grand portail la statue de saint Etienne, les armes du roi et de l'archevêque et une statue de Notre-Dame qui est du côté du parvis (G. 1150).

Mangyn Viard, fondeur à Auxerre, passe un marché pour fondre les deux bourdons de la cathédrale placés dans la tour neuve, et sept cloches placées dans la vieille tour (an 1560, G. 1233).

En 1743, les tombeaux qui étaient dans le sanctuaire de la cathédrale de Sens sont abandonnés par le chapitre à l'archevêque pour être employés au trésor et à la sacristie (G. 686).

MM. Soufflot, contrôleur général des bâtiments, et Coustou, sculpteurs, sont envoyés à Sens pour préparer dans la cathédrale l'emplacement nécessaire au monument élevé à la mémoire du Dauphin et exécuté par Coustou (an 1776, G. 135).

En 1759, le Chapitre de Sens adresse au roi des représentations pour obtenir la conservation du rétable d'or. Le roi ayant exprimé à Mgr de Luynes le désir que ce rétable « fût sacrifié au bien de l'Etat, » le Chapitre l'envoie à la Monnaie (G. 681). — Description de la Table d'Or qui avait été donnée par l'évêque Sewin, au Xᵉ siècle (G. 711).

Archevêché de Sens. — An 1523, travaux de construction à l'archevêché (G. 545).

Eglise Saint-Pregts de Sens. — An 1541, payé à Michel des Ymages, pour façon de deux *ymages* de Notre-Dame et de saint Jean : 6 livres (G. 2507).

Prieuré de Saint-Sauveur-les-Sens. — On propose de faire transporter dans la cathédrale 26 tombes restant d'un beaucoup plus grand nombre existant dans le cimetière du prieuré, lesquelles couvrent les corps des anciens archevêques (H. 442, an 1762).

Ville de Sens. — Il existe à Sens une maison en laquelle est l'arbre de Jessé en bois, faisant le coin de la rue de la Gastellerie (an 1545, H. 310).

Cathédrale d'Auxerre. — En 1343, la reine donne à la cathédrale d'Auxerre, l'image de Jean, duc de Normandie, en argent, et le Chapitre la vend (G. 1824).

Il existait, dès le XIIIe siècle, une confrérie pour l'œuvre de la cathédrale. — Lettres de pardons des papes et des évêques à tous ceux qui feront des dons pour l'achèvement de la cathédrale d'Auxerre (1556, G. 1824).

An 1530, payé à Jean Leroy, chantre, du prix de la vente des bois de Montchaumont, 154 livres pour employer à l'œuvre de la grosse tour de Saint-Etienne (G. 1953).

1766. — Devis de travaux pour la réfection du maître autel, etc., de la cathédrale d'Auxerre, par Ledoux, architecte à Paris, adjugés en 1766, pour 66,000 livres (B. 56).

Description de l'ancien autel. Le luminaire de l'ancien autel de la cathédrale d'Auxerre consistait en six cierges portés ci-devant par six anges de cuivre soutenus sur six colonnes qui étaient devant l'autel, et entre lesquels étaient étendus les rideaux qui en fermaient l'enceinte (G. 1613, an 1773).

1766-68. — Restauration du chœur et du sanctuaire de la cathédrale d'Auxerre, par Ledoux, architecte; démolition de la statue de saint Christophe (G. 1803).

1776. — Vente par le Chapitre à l'Hôtel-Dieu d'Auxerre de tapisseries représentant l'histoire de saint Etienne et datant du XVIe siècle, lesquelles servaient à couvrir les murs du chœur (G. 1805). Elles y existent encore.

Eglise Saint-Père-en-Vallée d'Auxerre. — Marchés pour la construction, de 1569 à 1656. Isaac Gillot et Blaise Chériot, maîtres tailleurs de pierres et architectes, ont construit les trois portails de la façade (1630-1635). Lambert François sculpta le portail en 1656 (G. 2398).

Abbaye Saint-Germain. — Construction en 1323 des murs crénelés de l'enceinte qui existent encore (H. 1001). — Description des reliquaires prêtés en 1359 pour la rançon de la ville d'Auxerre (H. 998). — Description du portail de l'église Saint-Germain, aujourd'hui détruit (H. 1032) et vue cavalière de ce monument (H. 1035).

Eglise de Saint-Marien. — En 1269, Jean de Seignelay lègue 15 livres pour faire faire son tombeau sur lequel sera représenté un chevalier (H. 1215). Description de la tombe en marbre noir de l'abbé Johannis mort en 1542 (H. 1217).

Eglise Saint-Eusèbe d'Auxerre. — Les fabriciens achètent, en 1668, une tenture de tapisserie représentant l'*histoire de Tobie*, estimée 500 livres (G. 2372). Il est fait don en même temps d'une autre tapisserie représentant l'*histoire de la Pucelle d'Orléans*, pour orner la moitié du chœur (ibid).

Auxerre. — *Artistes divers et leurs travaux.*

Les minutes des notaires des xve et xvie siècles renferment de nombreux renseignements sur les travaux d'art exécutés dans les églises. Nous en citerons quelques-uns.

Germain Michel, peintre-verrier à Auxerre en 1516 (E. 499). — En 1521, François Faulconnier, sculpteur à Auxerre, sculpte au portail de l'église de Thury huit histoires de la vie de saint Jean, qui existent encore. Il fait, en 1528, une Notre-Dame de Pitié en l'église de Coulanges-les-Vineuses (E 501). — Thomas Duesme est peintre à Auxerre en 1517. — Guiot Gassot est qualifié maître maçon de l'œuvre de Saint-Etienne d'Auxerre, ibid (E. 378). — Jean Alacre, dit d'Amboise, est maître de l'œuvre de St-Regnobert d'Auxerre en 1541. — Jean Blondel, imagier à Auxerre en 1521, et Nicolas, maître peintre à Auxerre (1581), font divers travaux dans les églises d'Auxerre (E. 500).

Félix Chrétien, chanoine, peintre et écrivain attaché à l'évêque de

Dinteville, lègue à Germain de Charmoy, chanoine « une Dyanne, le
« tableau qui est dessus son buffet en sa chambre haute, où il y a des
« dames, damoiselles et joueurs de paulme, et à S. Theveneau, son
« portrait et le tableau d'Actéon » (an 1566, E. 499).

Arthonnay. — 1716, 15 mai, P. Girard découvre, au lieu dit les
Masures, 15 ou 16 cercueils en pierre au moins de 20 pieds carrés. Il
n'y avait aucune inscription, ni aucun objet (St-E. Canton de Cruzy).

Avallon. — Pernet Pahouet élit sa sépulture « *ante ymagines por-*
« *telli gloriose Virginis Marie* » à l'église Saint-Lazare d'Avallon
(G. 2015, an 1349).

Le chapitre d'Avallon décide d'enlever les colonnes de cuivre qui
entourent le grand autel et la suspense, en 1724 (G. 2025). Il fait
démolir, en 1741, le mausolée de la famille de Chastellux dont les statues furent enfouies sous le jubé du chœur de l'église (G. 2155).

Avrolles. — Paiements faits à Guillaume Alloys, maître maçon au
Mont-Saint-Sulpice, pour l'achèvement du portail de l'église d'A-
vrolles en 1557 (G. 2422).

Epineuil. — Marché en 1725 avec Jean Nicole, sculpteur et me-
nuisier à Tonnerre, pour construire une chaire à prêcher à Epineuil,
moyennant 550 livres. — Autre marché avec Louis Herluison, sculpteur à Troyes, pour construction du grand autel en 1734 (G. 2443).

Irancy. — Travaux de construction à l'église, de 1557 à 1560.
Symonin, tailleur de pierres à Cravan, conduit les travaux (G. 2460).

Noyers, an 1489. — Conclusions de l'assemblée générale des habitants pour la construction de l'église paroissiale actuelle, où étaient
présents le curé et soixante-cinq habitants (suppl. E. Noyers, D. D. 1).

Paris. — Mme la marquise de Courtanvaux, veuve de François-
Michel Letellier, marquis de Louvois, comte de Tonnerre, déclare
dans son testament qu'elle veut être enterrée aux Capucines, à Paris,
« dans le chœur de la chapelle où j'ai fait faire le tombeau de feu
« M. de Louvois » (an 1713, B. 278).

Saint-Florentin. — Etat des dépenses faites pour bâtir le portail
de l'église, du côté de la Grande-Rue, selon le marché fait avec
Boullon, architecte à Tonnerre (1610, G. 2481).

Abbaye de Vauluisant. — Devis de reconstruction dressé par Chail-
lou, architecte à Paris, en 1760 (H. 685).

Vieupou. — Description de l'église du prieuré qui a 122 pieds de long, 22 de large et qui renferme dans le chœur trois tombeaux parmi lesquels est celui de Pierre, seigneur de Bassou, figuré en costume militaire (H. 821, an 1743).

Vauluisant. — En 1741, payé 800 livres à M. Restout pour le tableau de l'Assomption fait pour l'abbaye de Vauluisant (H. 689).

Travaux divers. — B. 167. Reconstruction du pont de Ravières sur les dessins d'Herbet, architecte à Paris, en 1724. — B. 168. Reconstruction du pont de Brienon en 1744. — B. 170. Devis de reconstruction de l'abbaye d'Auberive, par d'Aviler, architecte à Paris, en 1763. — B. 171. Adjudication de travaux à l'abbaye de Vauluisant pour 116,000 livres, 1766. — B. 173. Devis de travaux à l'abbaye de Pontigny pour 62,000 livres, par Louis-François Herbet, architecte à Paris en 1742. — B. 174. Frère François Romain, architecte, répare le moulin et le pont de Brienon en 1697.

5° SIGILLOGRAPHIE.

Les archives ecclésiastiques contiennent une espèce d'œuvres d'art très curieuse et très recherchée aujourd'hui, ce sont les sceaux attachés aux chartes du xii° et du xiii° siècle principalement. Certaines abbayes, telles que celles de Saint-Marien d'Auxerre (H. 1196), de Pontigny, de Dilo (H. 587) et de Vauluisant (H. 674) ont pu conserver ces monuments de la gravure que menaçaient de nombreuses causes de destruction, entr'autres leur fragilité et l'ignorance de certains gardes-titres qui, en classant les archives, comme à l'abbaye des Escharlis, à l'Hôtel-de-Ville d'Auxerre, ont coupé les sceaux pour mettre plus facilement les titres en paquets. Je signalerai, parmi les séries de sceaux que possèdent les archives, ceux des rois de la 3° race, des comtes d'Auxerre, de Tonnerre, de Champagne ; ceux des archevêques de Sens, des évêques de Troyes, Autun, Auxerre et une foule d'autres sceaux des barons de 2° ordre, des abbés, comme celui de saint Bernard et des nombreuses justices ecclésiastiques.

6° ÉCONOMIE POLITIQUE.

L'Économie politique a aussi des éléments dans les archives de l'Yonne. Les comptes de recettes et dépenses du xive au xviiie siècle, série G. 245 à 445, G. 732, 1227, 1332 à 1347, 1370 à 1374, 1391 à 1393, 1447 à 1469, 1718, 1871 à 1876, 2032 à 2157.

Les rôles d'impôts des paroisses depuis le xvie siècle donnent la population et le montant des tailles (C. 81 à 182).

Les minutes des notaires, fournissent des faits variés sur le prix des terres et des autres héritages, la valeur des objets de consommation et autres.

Les archives de Sens (HH. 4 à 9) possèdent la mercuriale détaillée du prix de grains dans cette ville de 1703 à 1789.

L'administration des paroisses sous les intendants (C. 36 à 61, C. 199 à 217), les papiers des commissions intermédiaires des départements de Joigny, Sens, Tonnerre et Vézelay en 1787 (C 185 à 194) ainsi qu'un tableau statistique de la population et de l'état du comté d'Auxerre en 1786, donnent des renseignements sur le régime économique du pays à cette époque.

§ III.

Archives communales et hospitalières.

Ce rapport ne serait pas complet si j'omettais de faire mention des archives communales et hospitalières du département, dont plusieurs ont une véritable importance.

Dès l'année 1841, M. le Préfet de Bondy, devançant les mesures qu'allait prendre le Ministre de l'Intérieur, adressa aux maires du département une circulaire (bulletin n° 420) pour leur recommander la conservation des archives anciennes et modernes qui sont confiées à la responsabilité de ces fonctionnaires par un arrêté du Gouvernement du 19 floréal an viii. Cet appel avait particulièrement pour but de sauver de la destruction le petit nombre de pièces anciennes échappées à l'incurie des administrations antérieures.

M. Duchâtel, ministre de l'Intérieur, prescrivit une mesure générale pour la conservation des archives communales. Le Préfet, en vertu d'une circulaire du 16 juin 1842, adressa à tous les maires des registres pour servir à faire l'inventaire des titres et papiers des communes.

Peu après, ayant été nommé inspecteur des archives communales (28 octobre 1842), je visitai tous les chefs-lieux de cantons, traçant de vive voix aux secrétaires des mairies retardataires la marche à suivre pour la rédaction des inventaires.

En peu de temps 457 communes sur 482 furent pourvues d'inventaires dont le double fut déposé aux archives de la préfecture.

En 1859, le Conseil général ayant voté les fonds nécessaires pour procéder à une inspection de toutes les communes, je continuai le service d'inspecteur et je pus constater par moi-même l'état de tous les dépôts, réchauffer le zèle des secrétaires négligents et encourager les bons travailleurs pour la continuation des inventaires.

Après une inspection qui dura plusieurs années, ma santé ne m'ayant pas permis de continuer les tournées, les inspecteurs primaires du département, avec l'approbation du Ministre de l'Instruction publique, furent chargés, en 1867, de l'inspection des archives communales. Ces tournées ne cessèrent que lorsque le Conseil général supprima le crédit alloué à cet effet. Nul doute qu'il ne soit rétabli si la nécessité d'une surveillance des archives communales se fait de nouveau sentir.

Les premières tournées avaient permis de constater qu'à part quelques villes ou bourgs qui possédaient d'anciens titres formant de véritables archives, les communes du deuxième ordre ne conservaient guère en fait de documents anciens que les registres de baptêmes, mariages et sépultures dont quelques-uns remontaient à 1540. Les papiers et registres modernes composaient seuls les collections.

Les chefs-lieux d'arrondissements mieux dotés possèdent encore des archives historiques plus ou moins riches, mais qui sont en général assez mal en ordre et dépourvues d'inventaires.

La ville de Sens est la seule où il existe un inventaire, qui a été imprimé en 1870 par les soins du maire, M. Deligand. Ce dépôt, autrefois très-riche, a perdu la plus grande partie de ses chartes. J'ai pu en recouvrer quelques-unes concernant les priviléges accordés à la ville par les anciens rois, et j'ai cité dans le cours du présent rapport les documents les plus intéressants que ces archives renferment (Voyez § 2, *Biographies*.)

A Auxerre, le dépôt est considérable et remonte au xii° siècle. Il y a un inventaire volumineux dressé en 1770, mais qui est incomplet. A Joigny, les archives ne sont pas considérables. Il y a cependant quelques cartons de priviléges des comtes du xiv° siècle. Tonnerre est dans les mêmes conditions que Joigny avec des chartes des comtes du xiii° siècle, et sans inventaire et sans classement. Avallon possède un beau dépôt dont la conservation est confiée à un homme compétent, M. Prot, ancien inspecteur des écoles. Il est bien à désirer que le catalogue en soit publié. Villeneuve-sur-Yonne possède aussi des archives qui, sans offrir l'importance des précédentes, sont cependant à signaler. Noyers conserve quelques chartes du xiii° siècle, et une autre de 1489 relative à la construction de l'église.

Indépendamment des archives communales, il existe à la mairie de Sens une collection de chartes et titres provenant des anciens établissements religieux de cette ville, formée par le P. Laire, bibliothécaire du district en 1791, au moyen des pièces historiques choisies par lui dans le dépôt des papiers de ces corporations supprimées.

Pendant longtemps ces pièces ont été laissées dans des placards et livrées au premier venu. J'ai cru devoir signaler leur existence en 1850, et proposer de les réunir aux archives de la Préfecture dont elles faisaient partie par leur composition et dépendaient, en vertu de la loi du 5 brumaire an v et et la circulaire du 26 avril 1841. Ces pièces ont été revendiquées par la Prefecture. Une décision du Ministre de l'Intérieur, en date du 27 janvier 1862, autorisa la ville de Sens à conserver dans ses archives, mais seulement à titre de dépôt permanent, les anciens titres mentionnés ci-dessus, lesquels restent la propriété du département, et figureront sur l'inventaire de la Préfecture dans leurs séries respectives. En vertu de ces instructions, les pièces ont été inventoriées en détail et placées dans des armoires fermées de la salle principale de la bibliothèque de la ville. L'Inventaire général des archives du département contient à leur ordre l'énoncé et l'analyse de tous ces documents dont la conservation est désormais assurée. Ils comprennent 6,943 pièces, dont certaines chartes datent du ix° siècle et beaucoup des xii° et xiii°.

Hospices. — Nous avons aussi des archives hospitalières. — Les établissements hospitaliers, dont la fondation est ancienne, renferment en général des documents remontant à leurs premiers temps. Tels sont le dépôt de Tonnerre, hospice dû à la comtesse Marguerite de Bourgogne en 1293, et qui a conservé les chartes de cette princesse, un cartulaire, beaucoup de comptes et d'autres titres; — celui de Joigny, formé de la réunion de plusieurs fonds, et doté surtout par une comtesse de Joigny dont on possède les chartes; — ceux d'Avallon et d'Auxerre, également fort intéressants, et enfin celui de Sens contenant les chartes de la léproserie du Popelin qui datent du XIIe siècle

Ce dernier dépôt et celui de Joigny possèdent des inventaires rédigés par moi; celui de Sens est publié. L'hospice de Tonnerre a ses archives parfaitement classées, en partie par moi-même et en partie par M. Camille-Dormois qui en a fait l'inventaire. La publication de ce travail serait très-désirable. Les hospices de Cravan, Saint-Florentin, Brienon, Saint-Fargeau, Villeneuve-sur-Yonne, Saint-Julien-du-Sault, Noyers, possèdent également quelques anciens titres qu'il ne serait pas sans intérêt de mentionner selon le modèle joint à l'instruction du 10 juin 1854.

§ IV.

Archives modernes de la Préfecture.

Le dépôt dans sa partie moderne est formé comme toutes les archives des préfectures. Nous y signalerons particulièrement les séries importantes des registres des délibérations de l'administration départementale de 1790 à l'an VIII, celle des registres des sept districts qui comprennent les années 1790 à l'an IV, et celle des administrations cantonales de l'an IV à l'an VIII, pour une bonne partie des cantons. C'est dans ces collections et dans les quelques liasses de dépêches qui s'y rattachent qu'on pourra étudier avec fruit l'histoire locale de ces dix années qui vont de 1790 à l'an VIII. Les fonds des domaines nationaux, des émigrés, des communes, des hospices, de la guerre, des ponts et chaussées, chemins de fer et usines, du personnel des conseils généraux et municipaux, etc., etc., remplissent les nombreux rayons de cette partie du dépôt. La centralisation des papiers des sous-préfectures a accru et enrichi les archives de documents spéciaux à l'administration de ces subdivisions administratives.

§ V.

Travaux exécutés pendant l'année 1877 dans les archives départementales.

Le classement de l'inventaire des volumineuses archives de l'abbaye Saint-Germain d'Auxerre qui fut fondée au VI° siècle a été continué.

Ce fonds comprend 210 articles, liasses et registres et concerne particulièrement la ville d'Auxerre, les terres d'Annay-sur-Loire, de Bléigny, Carisey, Gurgy, Héry, Irancy et dix autres villages, dont la possession pour quelques-uns remontait aux VIII° et IX° siècles.

Après cette collection, j'ai dépouillé le fonds de l'abbaye Saint-Marien d'Auxerre qui est très-riche en chartes des XII° et XIII° siècles des comtes d'Auxerre, des archevêques de Sens et des évêques d'Auxerre. Elles concernent les lieux de Bassou, Valprofonde, Taingy, Saint-Georges, Bonnard, etc., etc.

M. le Ministre de l'Intérieur ayant demandé un rapport sur l'état des archives de la Préfecture, destiné à l'Exposition universelle, avec la liste des documents historiques les plus précieux du dépôt, ce travail a été exécuté, et il a été communiqué, en outre, pour être reproduits par l'héliogravure, quatre documents originaux émanant du concile de Pîtres (860), de Hugues Capet, saint Bernard et Jacques Amyot.

L'impression du troisième volume de l'Inventaire des Archives se continue. Six feuilles de la série H., n°s 27 et 32 ont été imprimées cette année.

Les archives administratives ont reçu des bureaux de la préfecture et des administrations des finances de nombreuses pièces de comptabilité et relatives aux communes, qui ont été réintégrées à leur ordre. L'employé spécial a également mis en ordre définitif le fonds de l'organisation municipale, et a commencé à coter toutes les pièces des fonds historiques, suivant les prescriptions de M. l'Inspecteur général des archives.

Recherches et expéditions. — Les recherches et expéditions dans l'intérêt des particuliers se sont élevées les premières à 119 et les secondes à 29 fr. 25.

Budget. — J'ai l'honneur de prier Monsieur le Préfet de vouloir bien proposer au Conseil général l'inscription au budget de 1879 les crédits ordinaires pour assurer le service des archives.

Sous-chapitre IX.

Article 1er — Appointements du conservateur des archives et de l'employé adjoint	4,900	»
Art. 1er bis. — Indemnité à l'employé des archives . .	100	»
Art. 2. — Dépouillement extraordinaire, etc., etc . .	400	»
Art. 3. — Achat de documents historiques	100	»
Art. 4. — Publication des Inventaires sommaires des Archives départementales (circulaire du 12 août 1860). .	1,000	»
Total.	6,500	»

Auxerre, 20 juillet 1878.

Agréez, Monsieur le Préfet, l'hommage de mon respect.

Votre très-humble serviteur,

Max. QUANTIN,

Chevalier de la Légion-d'Honneur, Officier de l'Instruction publique, Archiviste de l'Yonne.

www.ingramcontent.com/pod-product-compliance
Lightning Source LLC
Chambersburg PA
CBHW060507050426
42451CB00009B/853